# La compassione: unica via alla pace

## Un discorso di
## Sri Mata Amritanandamayi

in occasione del
Festival Cinematografico
Cinéma Vérité 2007

*12 ottobre 2007, Parigi*

Mata Amritanandamayi Center, San Ramon
California, Stati Uniti

**La compassione: unica via alla pace**

Traduzione inglese di Swami Amritaswarupananda

Pubblicato da:
Mata Amritanandamayi Center
P.O. Box 613
San Ramon, CA 94583
Stati Uniti

—— *Compassion. the Only Way to Peace (Italian)* ——

Prima edizione a cura del MA Center: agosto 2016

In Italia: www.amma-italia.it

In India:
inform@amritapuri.org
www.amritapuri.org

# Introduzione

Nell'ottobre 2007, l'associazione cinematografica francese Cinéma Vérité ha chiesto ad Amma di pronunciare un discorso sul crescente numero di calamità naturali e di tragedie causate dall'uomo che si verificano attualmente nel mondo. Cinéma Vérité ha scoperto l'unicità di Amma, come leader spirituale e umanitaria, attraverso il documentario *Darshan: l'abbraccio*, realizzato nel 2005 dal regista Jan Kounen. L'organizzazione si dedica da tempo a promuovere nel cinema una maggiore consapevolezza dei diritti umani. Ispirati dal ritratto di Amma ad opera di Kounen, i membri di Cinéma Vérité hanno deciso d'istituire un Premio Cinéma Vérité, da conferire annualmente a chi s'impegni, attraverso opere straordinarie, a ristabilire la pace e l'armonia nel mondo. Amma è stata la prima a ricevere il premio.

La cerimonia si è svolta in un teatro nel centro di Parigi, in Piazza della Bastiglia, in occasione del Festival Cinematografico Cinéma Vérité 2007. Alla rassegna hanno partecipato altre personalità: Jody Williams, Premio Nobel 1997 per la Pace, l'attrice Sharon Stone, candidata al Premio Oscar, e Bianca Jagger, appassionata sostenitrice dei diritti umani e sociali.

Amma è stata presentata dalla sig.ra Stone e da Kounen. "Non esiste davvero una persona più qualificata di Amma per parlare della pace", ha detto Kounen. "Non solo la sua vita *è vissuta* nella pace, ma *risveglia* la pace... Siamo felici di avere l'opportunità di onorare Amma consegnandole il primo Premio annuale Cinéma Vérité, per il suo contributo alla pace e all'armonia nel mondo".

Kounen ha poi narrato la propria esperienza nel filmare Amma, che ha descritto come un essere umano capace di trasformare gli altri. "Sono fortunato ad essere un regista che può scegliere i soggetti dei propri film", ha aggiunto. "Questo mi ha dato la possibilità di trascorrere del tempo con Amma, conoscere la sua opera e comprendere chi sia realmente. Mi ha consentito d'intraprendere un viaggio da cui riportare qualcosa al mio ritorno: questo film. Mi ha offerto l'occasione di comunicare agli altri chi sia Amma - ciò che si può vedere, percepire, sperimentare durante il tempo trascorso con lei. Ciò mi ha permesso sia di condividerne il messaggio, sia di osservare un essere umano in grado di trasformare il suo prossimo".

Kounen, che ha diretto lungometraggi e numerosi documentari sulle culture sacre, ha affermato che riprendere Amma è stata un'esperienza unica. "Mi sono occupato personalmente di temi inerenti la spiritualità, i guaritori e coloro che compiono miracoli. Ma con Amma ho scoperto che questa magia è realmente visibile, è qualcosa che lei compie davanti a te. Questo è il suo aspetto più eclatante. Sono cose che puoi vedere con i tuoi occhi, basta semplicemente catturarle e trasferirle su pellicola per poi dare anche agli altri la stessa opportunità. Vorrei ringraziarla per avermi permesso di girare questo film. Grazie, Amma".

Quindi è stata la volta di Sharon Stone a parlare di Amma. "Non è facile presentare un santo", ha detto. "Riprendere un angelo è tuttavia qualcosa di completamente diverso. La pellicola *Darshan* è una straordinaria fonte d'ispirazione. La vita di una persona che ha dedicato tutta se stessa al servizio altruistico è qualcosa a cui tutti possiamo ambire. Perché è una scelta. Offrire se stessi per aiutare gli altri è una scelta. Come

L'attrice Sharon Stone, candidata al Premio Oscar 2007, ha consegnato ad Amma il primo Premio Cinema Vérité come riconoscimento del suo contributo alla pace e all'armonia nel mondo.

disse Milton mentre stava perdendo la vista:
'Restare accanto all'altro e aspettare, aspettare
di potersi prendere cura di lui, può essere una
forma di aiuto'. Il mondo si trova più che mai in
un momento di bisogno. Stiamo vivendo in un
periodo in cui occorre fermarsi e riflettere prima
di decidere sull'azione da intraprendere. Perchè
dobbiamo fare ciò che è bene, ciò che è ispirato
dall'amore, ciò che è pieno di grazia.

"In tutta la sua vita, Amma ha seguito la via
della grazia. Ha abbracciato 26 milioni di persone. Non lo ha fatto solo come atto di offerta, ma
anche come esempio - esempio di altruismo, di
bontà, di premura e servizio agli altri, prenden-
dosi cura di loro attraverso l'abbraccio, perché
possano applicarlo a una vita di bontà. Diamo
il benvenuto non solo a questa santa e a questo
angelo, ma anche a una persona di bontà in
azione".

Come dimostrazione dell'apprezzamento di
Cinéma Vérité per la figura di Amma e la sua
opera, Sharon Stone ha consegnato ad Amma
una collanina e una medaglietta d'argento. Il
gesto ha provocato uno scroscio di applausi da
parte dell'intero teatro.

Nel suo discorso, *'La compassione: unica via alla pace'*, Amma offre un'analisi realistica e costruttiva della odierna situazione a livello globale, richiamando l'attenzione su particolari aree di conflitto e spiegando come solo una visione compassionevole possa aiutarne la risoluzione.

Parlando della guerra, Amma è stata molto schietta. "Il conflitto esiste sin dall'inizio della creazione", ha detto. "Affermare che non lo si possa eliminare completamente genera molta inquietudine. Ma non è forse la verità?".

Pur accettando l'impossibilità di eliminare completamente la guerra, Amma ha deplorato il deterioramento dei princìpi etici e del codice di comportamento. Ha spiegato come in passato ai fanti era permesso combattere solo contro i fanti, ai cavalieri solo contro i cavalieri, ecc.; era vietato attaccare un soldato disarmato o colpire donne o bambini; il combattimento s'interrompeva al crepuscolo e riprendeva all'alba del giorno seguente. "Queste erano le caratteristiche generali di una guerra *dharmica* (giusta) che trattava il nemico con rispetto e gentilezza, sul campo di battaglia e fuori. I sentimenti e la cultura degli abitanti del paese nemico erano rispettati. Questa era la coraggiosa visione delle persone di un tempo".

Amma ha detto che la guerra moderna è completamente diversa: "Nei conflitti odierni, si distrugge la nazione avversaria in ogni modo possibile. I vincitori cercano di soggiogare i vinti, saccheggiando e confiscando la loro terra, le risorse naturali e ricchezze, usandole per i propri scopi egoistici. La cultura e le tradizioni tramandate da generazioni vengono sradicate e gli innocenti sono uccisi senza pietà".

Amma ha aggiunto che come conseguenza della violenza e della sofferenza causate dall'avidità e dall'odio, l'umanità si è attirata "innumerevoli maledizioni". "Per liberarsene, almeno un centinaio di generazioni future dovranno asciugare le lacrime dei sofferenti, cercando di consolarli e di alleviare il loro dolore", ha continuato. "Come atto di riparazione, non dovremmo cercare di fare per lo meno un esame di coscienza?".

Amma ha poi richiesto ai leader mondiali di abbandonare le vecchie nozioni e idee sulla guerra. "Dobbiamo porre fine alla crudeltà e alla ferocia che gli uomini hanno dimostrato gli uni verso gli altri in nome della guerra", ha detto. "La guerra nasce dal pensiero di una mente incivile. Queste concezioni obsolete dovrebbero essere gradualmente abbandonate per lasciare posto alle nuove foglie, ai fiori e ai frutti della compassione e della bellezza. È possibile eliminare per gradi il nostro demone interiore - 'il desiderio di guerra' - che è una maledizione per l'umanità e la natura. Questo ci permetterà allora di entrare in una nuova era, con speranze di pace e felicità".

Amma ha rivolto poi l'attenzione a un'altra area di conflitto, quella tra scienza e religione. "In realtà, la religione e la scienza dovrebbero procedere mano nella mano", ha affermato. "L'una senza l'altra sono incomplete. La società, tuttavia, sta cercando di dividere l'umanità in persone religiose e persone con una mentalità scientifica". Ella ha affermato che sostanzialmente la scienza e la religione hanno finalità simili: la prima si dedica a condurre una ricerca nel laboratorio esterno, la seconda in quello interno. Amma ha chiesto: "Qual è la natura del mondo fenomenico? Come può funzionare in perfetta armonia? Da dove proviene? Dove sta andando? Chi sono io? Chi si pone questo tipo di domande, gli uomini di fede o quelli di scienza? Entrambi".

"Dovremmo imparare dalla storia, ma non viverci. L'unione della scienza con la spiritualità ci aiuterà a uscire dai cupi corridoi del passato per entrare nella luce della pace, dell'armonia e dell'unità", ha concluso.

Amma ha anche parlato del conflitto interreligioso, dicendo che a causa della visione limitata e dell'ignoranza umana, i movimenti che erano stati concepiti per essere fari di luce sono diventati artefici di ombre. "La spiritualità è la chiave capace di aprire il nostro cuore e di farci guardare ogni creatura vivente con compassione", ha soggiunto. "Ma la nostra mente, accecata dall'egoismo, ha perso la capacità di valutare correttamente, la nostra visione si è distorta. E questa attitudine non fa che aumentare ulteriormente l'oscurità. Usando proprio la chiave che doveva servire ad aprirci il cuore, la mente priva di discernimento ne ha invece sbarrato l'accesso".

Un'ampia parte della sua esposizione è stata dedicata alla crescente disarmonia tra l'uomo e la Natura e agli spaventosi effetti che ne derivano: terremoti, tsunami, riscaldamento globale, alterazioni climatiche estreme, siccità, ecc. Amma ha paragonato, di nuovo, la situazione odierna a quella dei tempi passati. "Anticamente, non occorreva salvaguardare l'ambiente, perché la protezione della Natura faceva parte del culto a Dio e della vita stessa", ha detto. "Più che ricordare 'Dio', i nostri antenati amavano e servivano la Natura e la società. Vedevano il Creatore nella creazione. Amavano, veneravano e proteggevano la Natura come la forma visibile di Dio. Dovremmo cercare di risvegliare questo atteggiamento. Oggigiorno, la più grande minaccia per l'umanità non è una terza guerra mondiale, ma la perdita dell'armonia nella Natura, il nostro progressivo distacco da lei. Ecco perché dovremmo sviluppare la consapevolezza di una persona minacciata da un'arma da fuoco. Solo così l'umanità potrà sopravvivere".

Amma ha offerto numerosi suggerimenti su come ristabilire l'armonia perduta tra l'umanità e la Natura: un aumento maggiore di norme contro l'inquinamento industriale, il car-pooling, il percorrere brevi tragitti in bicicletta o a piedi, la creazione di orti per le necessità della famiglia e il piantare almeno un albero al mese da parte di ogni individuo.

"La natura è la nostra prima madre", ha detto Amma. "È colei che ci nutre per tutta la nostra esistenza. La nostra madre biologica può tenerci tra le braccia per un paio d'anni, ma Madre Natura sopporta pazientemente il nostro peso per tutta la vita. Madre Natura ci canta delle filastrocche per farci addormentare, ci alimenta e ci coccola. Come un figlio ha dei doveri verso la madre che l'ha messo al mondo, tutti noi dovremmo sentire una responsabilità nei confronti di Madre Natura. Dimenticare quest'obbligo equivale a dimenticare noi stessi. Se ci scordiamo della Natura, la nostra esistenza avrà fine, equivarrà a camminare verso la morte".

In tutto il suo discorso, Amma ha espresso ripetutamente la convinzione che la compassione è l'unica soluzione in tutte queste aree di conflitto. "La compassione è il fondamento della pace", ha detto. "Essa risiede all'interno di ognuno. Non è facile però farne l'esperienza ed esprimerla in tutte le nostre azioni se non ci rivolgiamo al nostro interno e cerchiamo profondamente dentro di noi… Se vogliamo portare la pace nel mondo esterno, occorre dapprima che anche il nostro mondo interiore sia nella pace".

Il discorso di Amma, tradotto simultaneamente in inglese e in francese, è stato accolto da calorosi applausi. La serata si è conclusa non a parole, ma coi fatti: Amma ha dato il suo *darshan* a ogni partecipante al programma, avvolgendolo nel suo amorevole abbraccio.

Swami Amritaswarupananda Puri
Vice Presidente
Mata Amritanandamayi Math

# La compassione: unica via alla pace

di Sri Mata Amritanandamayi

*12 ottobre 2007, Parigi*

Il conflitto è sempre esistito, sin dall'inizio della creazione. Affermare che non lo si possa eliminare completamente genera molta inquietudine. Ma non è forse la verità? E il motivo sta nel fatto che nel mondo esisteranno sempre il bene e il male. Nella lotta per accettare il bene e rifiutare il male, non si può totalmente escludere la possibilità di uno scontro. Tale scontro si è manifestato in quasi tutti i Paesi sotto forma di conflitti interni, guerre e scioperi. Sebbene la maggior parte delle guerre siano sorte per proteggere gli interessi acquisiti, in qualche rara circostanza si sono ascoltati i bisogni generali delle persone e si è ottenuto un bene maggiore.

Sfortunatamente, la maggioranza delle contese umane non si sono mai verificate per sostenere la verità e la giustizia, ma sono state motivate dall'egoismo.

Per circa 5000 anni, sino al regno del re indiano Chandragupta Maurya, il fondatore della dinastia Maurya, la verità e il *dharma* (rettitudine) hanno rivestito un ruolo di spicco in tutte le guerre scoppiate in India. Ancora prima, la sconfitta e, quando necessario, la distruzione del nemico, facevano parte della guerra. Vi erano tuttavia delle regole ben chiare da rispettare, sia sul campo di battaglia che durante il combattimento.

Per esempio, ai fanti era permesso combattere solo contro i fanti, ai cavalieri solo contro i cavalieri, chi cavalcava un elefante o il cocchiere di un carro poteva scontrarsi solo contro i soldati nemici equivalenti. Le stesse norme valevano anche per coloro che combattevano con le mazze, le spade, le lance, gli archi e le frecce. A un guerriero era proibito attaccare un suo simile ferito o disarmato. Era vietato fare del male a donne, bambini, anziani e malati. I combattimenti iniziavano all'alba, preceduti dal suono di una conchiglia, e cessavano esattamente al calare del sole. Dopo il tramonto, i soldati di entrambe le fazioni dimenticavano l'ostilità reciproca e cenavano assieme. La battaglia riprendeva il giorno seguente, al sorgere del sole.

Ci furono degli episodi in cui dei re vittoriosi restituirono con gioia tutto il regno e le ricchezze conquistate ai sovrani sconfitti o ai loro eredi legittimi. Queste erano le caratteristiche generali di una guerra *dharmica*, che trattava il nemico con rispetto e gentilezza, sul campo di battaglia e fuori. I sentimenti e la cultura degli abitanti del paese nemico erano rispettati. Questa era la coraggiosa visione delle persone di un tempo.

Oggigiorno, per prevenire attacchi terroristici, negli aeroporti e in altre strutture sono state attivate ingenti misure di sicurezza. Sebbene siano estremamente necessarie per la nostra sicurezza fisica, non costituiscono la soluzione finale. Infatti, esiste un esplosivo la cui miscela è particolarmente micidiale e che non può essere individuato da alcun dispositivo: si tratta dell'odio, del disprezzo e della vendetta che si trovano nella mente umana.

A questo proposito, Amma ricorda una storia.

Il capo di un villaggio stava celebrando il suo centesimo compleanno. Alla festa erano presenti molti funzionari e la stampa. Un giornalista gli chiese: "In tutta la vostra lunga vita, di che cosa siete più orgoglioso?".

L'anziano rispose: "Ebbene, ho vissuto per 100 anni, ma non ho un solo nemico su questo pianeta".

"Davvero? Ma è una cosa straordinaria!", disse il reporter. "Che la vostra vita sia un esempio per tutti! Ora, ditemi, com'è stato possibile?".

"Beh", rispose il vecchio. "È stato molto semplice. Mi sono assicurato che nessuno dei miei nemici rimanesse vivo!".

Se non sradicheremo le emozioni negative, la guerra e la violenza non avranno mai fine.

Nei conflitti odierni, si distrugge la nazione avversaria in ogni modo possibile. I vincitori cercano di soggiogare i vinti, saccheggiando e confiscando la loro terra, le risorse naturali e le ricchezze, usandole per i propri scopi egoistici. La cultura e le tradizioni tramandate da generazioni vengono sradicate e gli innocenti sono uccisi senza pietà.

Inoltre non abbiamo la minima idea della quantità di esalazioni tossiche, liberate dall'esplosione di bombe e dall'uso di altre armi belliche, che riempiono l'atmosfera e inquinano il suolo. Quante generazioni ne soffrono le conseguenze dal punto di vista fisico e mentale! La guerra porta con sé morte, povertà, fame ed epidemie. Sono questi i suoi doni all'umanità.

Oggigiorno, i paesi ricchi provocano spesso le guerre semplicemente per promuovere la vendita delle loro armi più recenti. Ogni nostra azione, anche in guerra, dovrebbe avere come fine la protezione della verità e del *dharma*. Amma non sta dicendo che il conflitto è inevitabile. La guerra non è mai stata necessaria. Ma saremo mai capaci di eliminarla completamente dal mondo esterno se nella mente dell'uomo rimarrà l'ostilità? Dovremmo veramente riflettere su questo punto.

Alcuni conflitti odierni sono dati dalla frattura tra scienza e religione. In realtà, la religione e la scienza dovrebbero procedere mano nella mano. L'una senza l'altra sono incomplete.

La società, tuttavia, sta cercando di dividere l'umanità in persone religiose e persone con una mentalità scientifica. Gli scienziati sostengono che la religione e la spiritualità sono basate su una fede cieca, diversamente dalla scienza, che è un sistema oggettivo che verifica le proprie teorie attraverso gli esperimenti. La domanda è: 'Da quale parte state? Dalla parte della fede o dei fatti dimostrabili?'.

Non è esatto affermare che la religione e la spiritualità si basino su una fede cieca e che non esistano prove a conferma dei loro princìpi. Infatti, la ricerca condotta dai maestri spirituali è anche più esaustiva di quella degli scienziati moderni. Così come il campo di ricerca degli scienziati moderni è il mondo esterno, i grandi saggi hanno condotto la loro ricerca nei laboratori interni della propria mente. In questo senso, si può dire che erano anch'essi degli scienziati. In realtà, la vera religione non è credere ciecamente, ma è "*sraddha*". "Sraddha" significa indagine, esplorazione profonda all'interno di noi stessi.

Qual è la natura del mondo fenomenico? Come può funzionare in perfetta armonia? Da dove proviene? Dove sta andando? Chi sono io? Erano questi i loro interrogativi. Chi si pone questo tipo di domande, gli uomini di fede o quelli di scienza? Entrambi.

I saggi del passato non erano solo grandi intellettuali, ma anche veggenti che avevano realizzato la Verità. Gli intellettuali rappresentano indubbiamente una ricchezza per la società. Tuttavia, le sole parole e i soli pensieri non sono sufficienti. Sono coloro che mettono in pratica questi princìpi a infondere vita e bellezza a quelle parole e pensieri.

Molto tempo fa, un mahatma scrisse un libro dal titolo '*La compassione nella vita*'. Alla ricerca di fondi per la sua pubblicazione, contattò delle persone che conosceva e che accettarono di aiutarlo.

Tuttavia, mentre stava per farlo stampare, nel suo villaggio scoppiò una carestia e molti morirono. Senza un attimo di esitazione, egli prese il denaro che serviva per la pubblicazione e lo usò per comprare del cibo per i poveri e gli affamati. I suoi finanziatori ne rimasero molto turbati e gli chiesero: "Che cosa hai fatto? Come pubblicherai il libro? La povertà e la fame sono eventi naturali. La nascita e la morte sono sempre esistite in questo mondo. Non è giusto spendere una somma così elevata per questa calamità naturale". Il mahatma non rispose, ma rivolse loro solo un sorriso.

Dopo qualche tempo, il saggio ritornò dalle stesse persone con l'intenzione di pubblicare il suo scritto. Nonostante fossero un po' indecise, gli diedero il denaro. Il giorno prima che lo facesse stampare, ci fu una grande inondazione.

Migliaia di persone perirono e molte altre persero la casa e i loro averi. Egli utilizzò di nuovo tutti i soldi che possedeva per aiutare le vittime del disastro. A questo punto, i suoi finanziatori s'infuriarono ancora di più. Lo apostrofarono con parole dure. Ma lui non reagì, si limitò a sorridere.

Nonostante tutto, il mahatma non si diede per vinto e finalmente riuscì a far pubblicare il libro. Ma quando questo uscì, aveva come titolo: '*La compassione nella vita: terzo volume*'. Adirati, gli sponsor gli dissero: "Ehi, non dovresti essere un *sannyasi*, un sostenitore della verità? Come puoi mentire così? Com'è possibile che questo sia il 'terzo' volume? Dove sono i primi due? Stai cercando d'ingannarci?".

Sorridendo, il saggio rispose: "Vedete, questo è davvero il terzo volume. Il primo è stato quando il villaggio soffriva la fame; il secondo quando le vite e i beni di migliaia d'innocenti sono stati spazzati via dall'inondazione. I primi due volumi ci hanno insegnato a mettere in atto la compassione nella nostra vita. Miei cari amici, i libri sono solo parole morte. Quando un essere umano grida aiuto, se non siamo in grado di stendere una mano amorevole per aiutarlo a risalire la china, che senso ha, allora, scrivere un libro sulla compassione?".

Se vogliamo infondere vita e consapevolezza nelle nostre parole e nei nostri pensieri, dobbiamo metterli in pratica. Per raggiungere questo scopo, è necessario cercare una via in cui la religione e la scienza moderna procedano in armonia. Questa unità non dovrebbe essere solo un'apparenza esteriore. Dovremmo impegnarci seriamente a capire e a integrare gli aspetti della religione e della scienza utili alla società.

Chi possiede una mente puramente scientifica ha difficoltà a provare compassione. Una tale mente ha la tendenza ad attaccare, a prevalere e a vessare gli altri. Quando tuttavia un intelletto scientifico si apre alla comprensione della spiritualità - la quintessenza della religione - la compassione e l'empatia per tutte le creature sorgono spontaneamente.

La storia dell'umanità è composta da molti episodi di ostilità, vendetta e odio. I fiumi di sangue versati dall'uomo nel suo sforzo di appropriarsi di ogni cosa e di dominare gli altri, non si sono ancora prosciugati. Se analizziamo il passato, infatti, può sembrare che la razza umana manchi completamente di compassione, talmente crudeli sono state le sue azioni.

Dovremmo imparare dalla storia, ma non viverci. L'unione della scienza con la spiritualità ci aiuterà a uscire dai cupi corridoi del passato, per entrare nella luce della pace, dell'armonia e dell'unità.

La spiritualità è la chiave capace di aprire il nostro cuore e di farci guardare ogni creatura vivente con compassione. Ma la nostra mente, accecata dall'egoismo, ha perso la capacità di valutare correttamente, la nostra visione si è distorta. E questa attitudine non fa che aumentare ulteriormente l'oscurità. Usando proprio la chiave che doveva servire ad aprirci il cuore, la mente priva di discernimento ne ha invece sbarrato l'accesso.

Quattro uomini stavano andando a un convegno religioso e dovettero trascorrere assieme la notte su un'isola. Era una notte dal freddo pungente. Ogni viaggiatore portava con sé una scatola di fiammiferi e una piccola fascina di legna nel proprio zaino, ma ciascuno pensava di essere il solo ad avere la legna e i fiammiferi.

Il primo pensò: "Dalla medaglietta al collo di quell'uomo, direi che appartiene a un'altra religione. Se accendo il fuoco, beneficerà anche lui del calore. Perché dovrei usare la mia preziosa legna per riscaldarlo?".

Il secondo uomo pensò: "Quella persona proviene da un paese che ci è sempre stato nemico. Non mi sognerei mai di usare la mia legna per farlo stare meglio!".

Il terzo uomo guardò uno dei suoi compagni e pensò: "Conosco quel tipo. Appartiene a una setta che ha sempre causato problemi alla mia religione. Non ho alcuna intenzione di sprecare la mia legna per lui!".

Il quarto uomo pensò: "Odio il colore della pelle di quell'uomo, diversa dalla mia! Non ho nessuna intenzione di condividere la mia legna con lui!".

Infine, nessuno di loro fu disposto a bruciare la propria legna per riscaldare i compagni e così il mattino li trovò tutti morti congelati. Allo stesso modo, in nome della religione, nazionalità, colore della pelle e classe sociale a cui apparteniamo, nutriamo ostilità verso gli altri e non dimostriamo per loro alcuna compassione.

In nome della pace, organizziamo un numero sorprendente di conferenze. Ma quale cambiamento speriamo di ottenere limitandoci a stare seduti a parlare intorno a un tavolo? Quando tutto è stato detto e fatto e ci stringiamo la mano e ci accomiatiamo, il nostro gesto di saluto è davvero un'espressione del calore dell'amore e della compassione che proviamo nel cuore? Se non è così, non si è prodotto alcun vero dialogo. Perché questo avvenga, vi deve essere un vero e genuino senso di unità. Solo allora i muri eretti dall'ostilità, dai pregiudizi e dai sentimenti di vendetta scompariranno e sarà possibile un dialogo sincero.

La protezione dell'ambiente è un problema che preoccupa tutti noi. Eppure non riusciamo a comprendere le lezioni che la Natura sta cercando d'insegnarci. Osservate la Natura d'inverno: gli alberi si spogliano delle vecchie foglie e non danno più frutti. Anche gli uccelli si posano raramente sui rami. Ma appena giunge la primavera, tutta la Natura si trasforma: dagli alberi e dalle piante spuntano nuove foglie. In poco tempo, gli alberi si ricoprono di fiori e frutti. Ovunque si ode il cinguettio degli uccelli e il fruscio delle loro ali. L'atmosfera profuma ed è permeata di vitalità. Gli alberi, che solo pochi mesi prima apparivano avvizziti, ora traboccano di nuova vita, bellezza ed energia.

Per analogia, le nazioni e i capi di governo dovrebbero spogliarsi delle loro vecchie nozioni e idee sulla guerra. Dobbiamo porre fine alla crudeltà e alla ferocia che gli uomini hanno dimostrato gli uni verso gli altri in nome della guerra. La guerra nasce dal pensiero di una mente incivile. Queste concezioni obsolete dovrebbero essere gradualmente abbandonate per lasciare posto alle nuove foglie, ai fiori e ai frutti della compassione e della bellezza. È possibile eliminare per gradi il nostro demone interiore, 'il desiderio di guerra', che è una maledizione per l'umanità e la natura. Questo ci permetterà allora di entrare in una nuova era con speranze di pace e felicità.

La compassione è il fondamento della pace. Essa risiede all'interno di ognuno. Non è facile però farne esperienza ed esprimerla in tutte le nostre azioni se non ci rivolgiamo al nostro interno e cerchiamo profondamente dentro di noi. "La vita fa ancora vibrare le corde del mio cuore? Riesco ancora a sperimentare dentro di me la sorgente dell'amore e della compassione? Il mio cuore si scioglie ancora davanti al dolore e alla sofferenza altrui? Ho condiviso il pianto dei sofferenti? Mi sono sinceramente sforzato di asciugare le loro lacrime e di consolarli, oppure, ho almeno offerto un pasto o dei vestiti a chi ne aveva bisogno?". Dovremmo compiere un onesto esame di coscienza. Allora, la chiara e serena luce della compassione splenderà naturalmente nella nostra mente.

Se vogliamo portare la pace nel mondo esterno, occorre dapprima che il nostro mondo interiore sia nella pace. La pace non è una decisione intellettuale, è un'esperienza.

La compassione e la gentilezza rendono un leader veramente coraggioso. Chiunque abbia denaro, armi e la tecnologia necessaria, può fare la guerra. Ma nessuno può sconfiggere il potere dell'amore e un sincero senso di unità.

Se solo la nostra mente, gli occhi, le orecchie e le mani potessero comprendere e sentire sino in fondo il dolore e la sofferenza altrui! Se così fosse, quanti suicidi si sarebbero potuti evitare? Quante persone avrebbero potuto ricevere cibo, vestiario e alloggio? Quanti bambini non sarebbero diventati orfani? Quante donne che vendono il proprio corpo per guadagnarsi da vivere si sarebbero potute aiutare? Quante persone inferme, in preda a dolori intollerabili, avrebbero potuto ricevere medicine e cure?

Quanti conflitti in nome del denaro, della fama e dello status sociale si sarebbero potuti evitare?

Il primo passo per sviluppare la compassione è quello di trattare con amore e rispetto tutti gli oggetti che consideriamo inanimati, quali le pietre, la sabbia, le rocce, il legno, ecc. Se riusciamo a provare un senso di benevolenza e di amore verso questi oggetti inanimati, sarà facile allora sviluppare amore e compassione verso gli alberi, le piante, gli uccelli, gli animali, la vita negli oceani, nei fiumi, sulle montagne e in tutto il resto della Natura. Se riusciamo a raggiungere questo stato, proveremo automaticamente compassione per tutta l'umanità.

Non dovremmo ringraziare la sedia e le rocce che ci forniscono un posto dove sedere e riposare, o mostrare riconoscenza per Madre Terra che pazientemente ci offre il suo grembo per correre, saltare e giocare, o essere grati agli uccelli che cantano per noi, ai fiori che sbocciano per noi, agli alberi che ci fanno ombra e ai fiumi che scorrono per noi?

Ogni alba ci accoglie con un nuovo sorgere del sole. Di notte, quando dimentichiamo ogni cosa e dormiamo, potrebbe accaderci di tutto, anche di morire. Ringraziamo mai il Grande

Potere che ci benedice, facendoci risvegliare il giorno seguente, e ci consente di continuare come prima, senza che nel frattempo sia successo qualcosa al nostro corpo o alla nostra mente? Se guardiamo le cose da questa prospettiva, non dovremmo provare un senso di gratitudine verso tutto e tutti? Solo chi ha compassione è capace di esprimere riconoscenza.

Non c'è fine alla guerra e alla morte causate dagli uomini e alle lacrime versate da tutte le vittime innocenti di queste tragedie. Perché sono accadute? Per una sete di conquista, per affermare una superiorità e soddisfare la nostra avidità di denaro e gloria. L'umanità ha attirato su di sé innumerevoli maledizioni. Per liberarsene, almeno un centinaio di generazioni future dovranno asciugare le lacrime dei sofferenti, cercando di consolarli e di alleviare il loro dolore. Come atto di riparazione, non dovremmo cercare di fare per lo meno un esame di coscienza?

Nessun leader egoista e assetato di potere, deciso a proteggere i propri interessi, ha mai ottenuto pace e felicità conquistando il mondo e perseguitando le persone. La loro vita e morte hanno rappresentato l'inferno sulla terra. La storia ha confermato questa grande verità. Ecco perché dovremmo accettare con gratitudine questa preziosa opportunità di progredire lungo il sentiero della pace e della compassione.

Giungiamo su questa terra a mani vuote e non portiamo via nulla quando ce ne andiamo. Occorre imparare a essere imparziali e distaccati dal mondo e dai suoi oggetti, consapevoli che essi non procureranno mai una felicità vera e duratura.

Alessandro Magno è un ben noto personaggio storico. Egli fu un grande guerriero e comandante che conquistò circa un terzo del mondo. Voleva diventare l'imperatore del mondo intero, ma venne sconfitto in battaglia e si ammalò mortalmente. Alcuni giorni prima di morire, Alessandro chiamò i suoi ministri e spiegò come desiderava essere sepolto. Disse che voleva che entrambi i lati della bara avessero delle aperture, in modo che le braccia sporgessero con i palmi delle mani ben aperti. I ministri chiesero al loro signore il motivo della sua richiesta.

Alessandro spiegò che, in tal modo, tutti avrebbero saputo che il "Grande Alessandro", che aveva dedicato tutta la sua esistenza a possedere e conquistare, lasciava il mondo a mani vuote e non portava con sé neppure il proprio corpo. Avrebbero perciò compreso la futilità di trascorrere la vita inseguendo i beni terreni.

Dobbiamo comprendere la precarietà del mondo e dei suoi oggetti. Essi sono temporanei e non ci seguiranno mai dopo la morte.

Nel cosmo, c'è un ritmo in ogni cosa. Il vento, la pioggia, le onde, il respiro, il battito del cuore - ogni cosa ha un suo ritmo. Analogamente, c'è un ritmo nella vita. I pensieri e le azioni creano il ritmo e la melodia della nostra vita. Quando perdiamo il ritmo dei nostri pensieri, anche le nostre azioni ne risentono. E questo a sua volta interferirà col ritmo stesso della vita. È ciò che vediamo accadere, oggi, intorno a noi.

L'aria e l'acqua sono sempre più inquinate. I fiumi si stanno prosciugando, le foreste vengono distrutte. Si stanno diffondendo nuove malattie. Se questa situazione persiste, una grande sciagura si abbatterà sulla Natura e sull'umanità.

Amma fa un esempio per illustrare gli effetti dell'inquinamento sull'ambiente. Amma ricorda ancora come, nella sua infanzia, quando un bimbo aveva un graffio o un taglietto, la madre copriva la ferita con lo sterco di mucca, che lo aiutava a guarire più rapidamente. Se oggigiorno facessimo la stessa cosa, la ferita s'infetterebbe e l'infezione potrebbe essere anche mortale. Oggi, lo sterco di mucca è contaminato. Ciò che prima aveva proprietà medicinali è diventato velenoso.

La generazione contemporanea vive come se non avesse alcun rapporto con la Natura. Tutto quello che ci circonda è artificiale. Mangiamo frutta e cereali coltivati con fertilizzanti chimici e pesticidi, ai quali aggiungiamo conservanti per prolungarne la durata. In tal modo, che ne siamo consapevoli o meno, stiamo continuando a introdurre veleni nel nostro organismo. Come conseguenza, si stanno manifestando un numero crescente di nuove malattie. Molto tempo fa, infatti, la durata media della vita superava i 100 anni. Ma oggi le persone vivono solo fino a 80 anni o anche meno. Inoltre più del 75 per cento della popolazione soffre di qualche malattia.

Non solo il cibo che mangiamo e l'acqua che beviamo sono inquinati, persino l'aria che respiriamo è satura di sostanze tossiche e ciò causa un indebolimento del nostro sistema immunitario. Già tante persone sono oramai costrette a usare nebulizzatori per respirare e il loro numero continuerà ad aumentare. Tra pochi anni, l'uomo dovrà camminare portando con sé una bombola di ossigeno, come se vivesse in un luogo che ne è privo. Attualmente, la maggioranza della popolazione soffre di qualche forma allergica anche nei confronti degli elementi apparentemente più innocui. In breve, la crescente alienazione dell'uomo dalla Natura sta rendendo sempre più difficile la nostra esistenza.

Non solo gli essere umani, ma anche gli animali e gli uccelli allevati dall'uomo e le piante coltivate si stanno ora allontanando dalla Natura. Le piante selvatiche sopravvivono indipendentemente dalle condizioni atmosferiche. Che piova o splenda il sole, esse si adattano alle condizioni naturali. Ma che cosa dire delle piante da appartamento? Esse sono oramai incapaci di liberarsi dai parassiti, devono essere protette con dei pesticidi e hanno bisogno di cure particolari. Non sono dunque più in grado di sopravvivere spontaneamente in Natura.

Oggigiorno, le foreste sono distrutte e al loro posto vengono costruiti dei complessi residenziali. Molti uccelli nidificano in questi caseggiati. Se osserviamo da vicino i loro nidi, vediamo che sono realizzati con fili di ferro e pezzetti di plastica. Questo succede perché vi sono sempre meno alberi. In futuro, forse non ci saranno più alberi. Gli uccelli stanno imparando ad adattarsi al loro nuovo ambiente.

La condizione delle api non è diversa. Di solito, le api in cerca di nettare non avevano problemi ad allontanarsi anche di tre chilometri dall'alveare, ma ora, dopo aver succhiato il nettare, molte si perdono, incapaci di ritrovare la strada di casa. Non riuscendo a ritornare all'alveare, muoiono. In un certo senso, potremmo dire che il nostro cibo dipende dalle api: esse impollinano le piante che ci forniscono frutta e cereali. Quale ruolo importante rivestono nella conservazione della Natura e della società! In modo analogo, il contributo di ogni singolo essere vivente arricchisce l'umanità. Tutte le creature sulla terra dipendono le une dalle altre per la propria sopravvivenza. Se il motore di un aereo è in panne, l'aereo non può volare, ma non può farlo neppure se una sola vite essenziale è rotta. Allo stesso modo, anche il più piccolo organismo ha un ruolo rilevante. Tutte le creature viventi hanno bisogno del nostro aiuto per sopravvivere. Prendercene cura è una nostra responsabilità.

La popolazione terrestre aumenta ogni giorno. È sempre più difficile produrre cibo e cereali sufficienti a soddisfare la domanda crescente.

Gli scienziati stanno perciò ricercando metodi artificiali per aumentare la produttività dei raccolti, mediante l'uso, per esempio, di fertilizzanti chimici. In tal modo, a piante che prima impiegavano sei mesi, sono sufficienti ora solo due mesi per produrre ortaggi. Tuttavia, il valore nutrizionale di tali verdure è soltanto un terzo di quello passato. Inoltre, la durata della vita di queste piante si è incredibilmente ridotta. In sostanza, vediamo che i nostri metodi artificiali si stanno ritorcendo contro di noi.

La Natura è come la gallina dalle uova d'oro. Se uccidiamo la gallina per cercare d'impadronirci in un colpo solo di tutte le uova d'oro, allora perderemo tutto. Dobbiamo smettere d'inquinare e sfruttare la Natura e incominciare a proteggerla, per salvaguardare la nostra sopravvivenza e quella delle generazioni future. La Natura è come l'albero dei desideri che dona all'umanità ogni ricchezza. Ma la nostra situazione attuale è come quella di uno sciocco che sta segando il ramo sul quale è seduto.

Un aumento eccessivo del numero di globuli bianchi nel sangue potrebbe segnalare la presenza di un tumore. Ciò non significa che i globuli bianchi siano di per sé pericolosi, ma che se il loro numero supera il limite prestabilito, possiamo ammalarci. Allo stesso modo, dipendiamo dalle risorse della Natura per vivere. Ma se le sfruttiamo e danneggiamo la Natura, si creerà una situazione pericolosa per noi e per gli altri.

Amma ha una richiesta: ogni singolo abitante di questa terra dovrebbe contribuire personalmente a riportare l'armonia nella Natura. Dovremmo innanzitutto fare del nostro meglio per arrestare l'inquinamento. Le fabbriche e le industrie sono necessarie, ma occorre trovare nuovi modi per diminuire l'inquinamento che producono nell'aria e nell'acqua. Sarebbe anche bene che le fabbriche fossero costruite lontane dai centri abitati.

Il crescente numero di veicoli rappresenta una delle principali cause d'inquinamento nelle città. La maggioranza delle famiglie possiede oramai almeno una vettura. Se cinque persone vivono nello stesso quartiere e lavorano nella stessa zona, potrebbero attuare il car-pooling, condividendo e alternandosi alla guida di un'auto privata per gli spostamenti casa-lavoro. In tal modo, si utilizzerebbe una sola vettura invece di cinque. Se un'intera nazione seguisse questo esempio, 100.000 auto diventerebbero

20.000. Anche l'inquinamento diminuirebbe e si risparmierebbe molto carburante. È noto come la riserva mondiale di petrolio si stia esaurendo. Attraverso l'utilizzo di una vettura comune, la benzina risparmiata prolungherebbe la durata del petrolio. Ma ancora più importante, fra le persone aumenterebbero l'amore e la collaborazione. Amma pensa che tutti potrebbero seguire questo suggerimento.

Quando dobbiamo percorrere brevi distanze, invece di sprecare carburante, potremmo usare la bicicletta. In tal modo, faremmo anche dell'esercizio fisico. Una delle cause principali dell'aumento delle malattie odierne è la mancanza di movimento. Alcune madri si lamentano con Amma: "Amma, spendo così tanto per mandare in palestra mio figlio!". Quando Amma chiede come i figli vadano in palestra, esse rispondono: "Oh, li porto in macchina". In effetti, la palestra dista solo qualche chilometro. Se i ragazzi la raggiungessero camminando, non sarebbe già questo un esercizio fisico sufficiente? Si potrebbe così risparmiare il denaro dell'abbonamento.

In molti paesi, l'usanza di avere un orto è sempre meno diffusa. Anche se il nostro appezzamento di terreno è minuscolo, dovremmo cercare di coltivare alcuni ortaggi usando solo fertilizzanti biologici, e trascorrere del tempo con le nostre piante, parlando con loro e dimostrando il nostro affetto. Il rapporto con la Natura ci darà nuova vitalità.

Le foreste rivestono un ruolo fondamentale nel mantenimento dell'armonia della Natura. È solo grazie a loro che la Natura ha ancora una parvenza di armonia. Tutte le nazioni dovrebbero cercare di proteggere le foreste e le piante rimaste, piantando un maggior numero di alberi. Ognuno dovrebbe impegnarsi a piantare almeno un albero al mese. In tal modo, in un anno, ognuno avrebbe piantato dodici piante. Se tutti lo facessero, in breve tempo potremmo ripristinare la bellezza della Natura sulla terra. Amma ha sentito parlare di un particolare tipo di albero (l'albero Tabonuco che cresce nei Carabi) le cui radici s'intrecciano e s'innestano con quelle degli altri alberi. In tal modo, per quanto sia forte il vento, gli alberi non vengono sradicati. Quando vivremo in armonia con la Natura, in amore e unità, avremo la forza di superare qualsiasi crisi.

La Natura è la nostra prima madre; è colei che ci nutre per tutta la nostra esistenza. La nostra madre biologica può tenerci tra le braccia per un paio di anni, ma Madre Natura sopporta pazientemente il nostro peso per tutta la nostra vita. Madre Natura ci canta delle filastrocche per farci addormentare, ci alimenta e ci coccola. Come un figlio ha dei doveri verso la madre che l'ha messo al mondo, tutti noi dovremmo sentire una responsabilità nei confronti di Madre Natura. Dimenticare quest'obbligo equivale a dimenticare noi stessi. Se ci scordiamo della Natura, la nostra esistenza avrà fine, equivarrà a camminare verso la morte.

Anticamente, non occorreva salvaguardare l'ambiente, perché la protezione della Natura faceva parte del culto a Dio e della vita stessa. Più che ricordare 'Dio', i nostri antenati amavano e servivano la Natura e la società. Vedevano il Creatore nella creazione. Amavano, veneravano e proteggevano la Natura come la forma visibile di Dio.

Dovremmo cercare di risvegliare questo atteggiamento. Oggigiorno, la più grande minaccia per l'umanità non è una terza guerra mondiale, ma la perdita dell'armonia nella Natura, il nostro progressivo distacco da lei. Ecco perché dovremmo sviluppare la consapevolezza di una persona minacciata da un'arma da fuoco. Solo così l'umanità potrà sopravvivere.

La vita diventa completa solo quando gli uomini e la Natura procedono insieme mano nella mano, in armonia. Quando la melodia e il ritmo si completano reciprocamente, la musica diventa incantevole e piacevole da ascoltare. Così, quando le persone vivono secondo le leggi della Natura, la vita diventa uno splendido canto.

La natura è un immenso giardino fiorito. Gli animali, gli uccelli, gli alberi, le piante e le persone sono i suoi fiori, aperti e multicolori. La bellezza di questo giardino è completa quando tutti i suoi elementi esistono come una cosa sola, diffondendo così vibrazioni di amore e di unità. Possano tutte le menti diventare una nell'amore. Lavoriamo insieme per impedire che questi fiori appassiscano, cosicché il giardino rimanga eternamente bello.

Amma vorrebbe ora condividere con voi alcuni punti su cui ritiene sia importante riflettere.

1. Immaginate che la razza umana sia stata eliminata dalla faccia della terra. Il pianeta si ricoprirebbe nuovamente di vegetazione

lussureggiante. L'acqua e l'aria riacquisterebbero la loro purezza. La Natura intera si riempirebbe di gioia. Immaginate, ora, per contro, che non vi sia alcuna vita sulla terra se non quella degli esseri umani. Gli uomini non riuscirebbero a sopravvivere. Questa terra, creata da Dio, e il canto che proviene dalla Natura seguono un tempo e un ritmo perfetto. Solo gli esseri umani producono note dissonanti.

2. La fonte della pace e dell'armonia risiede nell'amore e nella compassione. Con l'amore, il tenero bocciolo del nostro cuore si aprirà e il magnifico profumo dell'amore si diffonderà ovunque.

3. La società è come un uccello con due ali: la scienza e la spiritualità. Esse devono procedere mano nella mano. Sono entrambe necessarie per il progresso sociale. Se rimaniamo fedeli ai valori spirituali e andiamo avanti, la scienza diventerà uno strumento capace di portare la pace e l'armonia nel mondo.

4. Non dovremmo mai perdere la forza interiore. Solo le menti deboli vedono il lato oscuro di ogni cosa e si disorientano. Ma le persone ottimiste vedono i raggi della grazia di Dio in qualunque forma di oscurità. La lampada

della fede è dentro di noi. Accendiamola, così da illuminare e guidare ogni nostro passo. Non rimaniamo bloccati dai ricordi dolorosi di guerre trascorse o conflitti passati; dimentichiamo la buia storia di odio e rivalità e accogliamo una nuova era di fede, amore e unità. Perché questo sia possibile, dobbiamo lavorare tutti assieme. Nessuno sforzo, anche il più piccolo, andrà mai sprecato. Se anche un solo fiore sbocciasse nel deserto, sarebbe già un primo passo. Questo è l'atteggiamento che dovremmo avere quando agiamo. Le nostre abilità potranno essere limitate, ma se remiamo la barca della vita con la pagaia dello sforzo personale, allora il vento della grazia di Dio verrà sicuramente in nostro aiuto.

5. Dovremmo essere pronti a cambiare, altrimenti saremo obbligati a farlo. Il cambiamento o la morte - dobbiamo scegliere.

6. Il genere umano dovrebbe comprendere che noi non siamo la sola razza che ha diritto di vivere. Quante specie viventi si sono già estinte! Non è abbastanza provare amore e compassione per gli esseri umani, occorre che estendiamo questa compassione a tutte le creature.

7. Non riusciremo a salvarci dalle malattie limitandoci a distruggere stuoli di zanzare o

migliaia di polli e mucche. La nostra priorità
dovrebbe essere quella di riportare l'armonia
nella Natura.

Se l'origine della guerra è nella mente umana, allora lì si trova anche quella della pace. Se
vogliamo prevenire conflitti futuri, dovremmo
trasmettere dei valori ai nostri figli, iniziando
dall'infanzia. Per fare lo yogurt, basta aggiungere
al latte una piccola quantità di yogurt, mescola-
re e lasciarlo riposare per qualche tempo. Allo
stesso modo, i genitori con il loro buon esempio
comunicano dei valori positivi ai figli. Qualità
nobili nasceranno allora spontaneamente in
loro.

Quando Amma viaggia per il mondo, vengono da lei persone provenienti da paesi in
guerra. Amma ha sentito dire da donne di tali
aree: "Ci svegliamo al mattino al suono delle
mitragliatrici e di grida umane. I nostri bimbi,
impauriti, si stringono a noi e piangono; anche
noi ci stringiamo a loro e piangiamo. Sono passati
tanti anni da quando ci svegliavamo al cinguettio degli uccelli". Preghiamo affinché in questi
luoghi il rumore delle armi da fuoco sia presto
sostituito dall'allegro cinguettio degli uccelli, e

perché i giovani e gli vecchi scoppino a ridere e non a piangere.

Amma pensa spesso che sarebbe così bello se, come in un gioco di bambini, invece dei proiettili delle mitragliatrici, le bombe facessero cadere cioccolatini e caramelle, o spargessero un buon profumo, o illuminassero il cielo con i colori dell'arcobaleno. Se i lampi di distruzione fossero lampi di compassione. Con le armi moderne, l'uomo può raggiungere il bersaglio con un'accuratezza mortale. Se solo la nostra compassione raggiungesse i poveri, gli affamati e i senza tetto con la stessa precisione!

Uniamoci e mostriamo che la compassione, l'amore e la sollecitudine per i nostri simili non sono completamente svaniti dalla terra. Costruiamo un nuovo mondo di pace e di armonia, rimanendo radicati nei valori universali che hanno nutrito l'umanità da tempi immemorabili. Diciamo addio per sempre alla guerra e alla ferocia, riducendole a un'invenzione della fantasia. Che il futuro ci ricordi come la generazione della pace.

||Om lokah samastah sukhino bhavantu ||